BEI GRIN MACHT SICH IHR WISSEN BEZAHLT

- Wir veröffentlichen Ihre Hausarbeit,
  Bachelor- und Masterarbeit

- Ihr eigenes eBook und Buch -
  weltweit in allen wichtigen Shops

- Verdienen Sie an jedem Verkauf

Jetzt bei www.GRIN.com hochladen
und kostenlos publizieren

Heiko Schnickmann

Die Theorie der Monogenese von Pidgin- und Kreolsprachen

GRIN Verlag

Bibliografische Information der Deutschen Nationalbibliothek:

Die Deutsche Bibliothek verzeichnet diese Publikation in der Deutschen National-
bibliografie; detaillierte bibliografische Daten sind im Internet über http://dnb.d-
nb.de/ abrufbar.

Impressum:

Copyright © 2007 GRIN Verlag GmbH
Druck und Bindung: Books on Demand GmbH, Norderstedt Germany
ISBN: 978-3-638-91377-5

Dieses Buch bei GRIN:

http://www.grin.com/de/e-book/85733/die-theorie-der-monogenese-von-pidgin-
und-kreolsprachen

GRIN - Your knowledge has value

Der GRIN Verlag publiziert seit 1998 wissenschaftliche Arbeiten von Studenten, Hochschullehrern und anderen Akademikern als eBook und gedrucktes Buch. Die Verlagswebsite www.grin.com ist die ideale Plattform zur Veröffentlichung von Hausarbeiten, Abschlussarbeiten, wissenschaftlichen Aufsätzen, Dissertationen und Fachbüchern.

Besuchen Sie uns im Internet:

http://www.grin.com/

http://www.facebook.com/grincom

http://www.twitter.com/grin_com

Die Theorie der Monogenese von Pidgin- und Kreolsprachen

Heiko Schnickmann

Inhalt

I. Einleitung

Zu Beginn der Neuzeit und am Ende des Mittelalters machten sich die Europäer auf, um die Welt außerhalb ihres Kontinents zu erkunden und zu erobern. Ausgehend davon, dass man eine christliche Mission hatte, die größten Feinde in der Reconquista aus Spanien und somit aus Europa verband hatte und schließlich mit dem Wissen um die eigene Vergangenheit, das der Humanismus und die Renaissance wieder hervorgeholt hatten, machte man sich auf den Weg. Die Technik war weit fortgeschritten und so war die Erkundung der Welt nicht mehr aufzuhalten.

Allerdings gab es ein Problem, mit dem man nicht rechnete. Die Menschen auf die man traf, sprachen keine der bekannten Sprachen. Das war eine denkbar schlechte Grundlage, um diesen unterentwickelten Völkern das Licht der Zivilisation zu bringen. Die Verständigung aber klappte doch und das Ergebnis war, dass sich die europäischen Sprachen auf der ganzen Welt ausbreiteten. Manche von ihnen in einer seltsamen Mischform, in der eine eigenartige Grammatik vorherrscht. Das beschäftigte Linguisten und interessierte Laien schon von Beginn an.

Zunächst wurde beschrieben, was man hörte und dann wurde darüber nachgedacht, was der Grund dafür sein könnte. Mitte des vergangenen Jahrhunderts schließlich gab es eine Theorie, die bis heute in den Einführungsbüchern zur Sprachkontaktforschung präsent ist: Die Theorie der Monogenese. So unwahrscheinlich es auch klingen mag, wurde davon ausgegangen, dass alle diese Mischsprachen eine Wurzel haben, aus der sie entsprungen sind. Diese Pidgin- und Kreolsprachen entstammen alle dem Portugiesischen. Leicht kann man sich vorstellen, dass eine solche Theorie angegriffen werden musste und durch vermeidlich bessere ersetzt wurde.

Der Verfasser dieser Arbeit ging ganz unbefangen an diese Theorie heran. Zunächst bloß fasziniert von der Idee, einmal nachvollziehen zu wollen, wie diese Theorie entstand, entwickelte sich schließlich der Wunsch zu überprüfen, ob diese Theorie wirklich haltbar ist. Der Verfasser stellte sich die simple Frage, die er hier nachgehen wollte und die zur Fragestellung dieser Arbeit wurde: Ist die Theorie der Monogenese von Pidgin- und Kreolsprachen uneingeschränkt stimmig oder muss sie revidiert oder gar falsifiziert werden?

Dazu soll die die Theorie zunächst vorgestellt und eingeordnet werden, um dann in einer im Rahmen dieser Arbeit möglichen historischen und schließlich auch linguistischen Analyse beurteilt zu werden.

Das Fazit hieraus kann nicht das Nonplusultra für die Kreolistik sein, doch liefert es vielleicht einen kleinen Ansatz im Umgang mit dieser Theorie.

II. Was sind Pidgin- und Kreolsprachen?

Wo immer Menschen verschiedener Sprachen aufeinandertreffen und miteinander zu kommunizieren versuchen, treten ihre beiden Sprachen in Kontakt. Die Kommunikation, die, nach Watzlawick, nicht nicht stattfinden kann (Biermann & Schurf (Hgg.) 1997: 57) muss derart gestaltet sein, dass beide Sprecher probieren sich einander verständlich zu machen. Das passiert vornehmlich durch Gesten und Mimik (Riehl 2004: 106). Diese paraverbale Kommunikation aber endet spätestens dann, wenn es zu komplexen Formen der Kommunikation kommt, wenn etwa miteinander verhandelt werden soll. Beide Interakteure müssten nun die Sprache des jeweils anderen lernen bzw. einer die Sprache des anderen. Das aber erfordert langwierige Studien, für welche die Interakteure nicht immer die Zeit aufbringen können.

In manchen Fällen ist es dann möglich auf eine Sprache zurückzugreifen, die beide Sprecher kennen und die beide beherrschen. Ist dies aber nicht der Fall, ergibt sich ganz unbewusst, wie in den meisten Fällen der Interaktion zwischen Menschen, dass beide Sprecher beginnen, eine eigene Sprache zu entwickeln, mit deren Hilfe sie kommunizieren können.

Sprachen, die daraus entstanden sind, dass zwei oder auch mehrere Sprachen aufeinander treffen und eine neue Sprache bilden, die dann von den Sprechern der ursprünglichen Sprachen nicht ohne weiteres als eine auf ihrer Sprache basierende wahrgenommen werden kann (Riehl 2004: 100), werden als Pidgin bezeichnet, wobei der Ursprung des Begriffs noch nicht hinlänglich geklärt wurde (Riehl 2004: 99.).

Im Gegensatz zu dem so genannten „Code-Mixing" bzw. „Code-Switching", dass oft bei ethnischen Minderheiten innerhalb des Sprachverhaltens beobachtet werden kann, ist dabei zu unterscheiden, dass sowohl beim „Code-Switching" als auch beim „Code-Mixing" eine umfassende Kenntnis der beiden Sprachen vorausgesetzt wird (Bechert/Wildgen 1991: 59f). Das ist bei dem Erwerb von Pidginsprachen nicht der Fall. Der Sprecher einer Pidginsprache wird seine Muttersprache kennen, ist aber nicht auf eine Kenntnis der zweiten beteiligten Sprache angewiesen. Die Kenntnis der anderen beteiligten Sprache ist auch oft gar nicht notwendig, da die entwickelte

Sprache für die Tätigkeit, bei der sie gebraucht wird, sei es beim Handeln oder auch in einfacheren Formen der Diplomatie, hinreichend ist. So besteht gar nicht die Notwendigkeit, die andere Sprache zu erlernen.

Damit eine eindeutige Klassifizierung des Pidgin vorgenommen werden kann, ist es nötig Kriterien zu finden, mit deren Hilfe Pidginsprachen als solche auch erkennbar gemacht werden. Drei Kriterien sind nach Riehl auszumachen. Eine Pidginsprache muss erstens, wie bereist oben erwähnt, für die Sprecher der Quellsprache unverständlich sein. Das ist zum Beispiel im Russenorsk der Fall, einer Pidginsprache, die als Quellsprache Norwegisch und Russisch anführt. Die Sprecher dieser Sprache sind sich des Ursprungs dieser Sprache nicht bewusst und meinen sie sprächen die Sprache des jeweils anderen (Riehl 2004: 100). Obwohl eine Pidginsprache wohl aus der Verlegenheit entsteht, dass zwei Sprecher zweier Sprachen ihre Sprachen mischen, ist Pidgin zweitens keine Sprache, die ohne Lernen genutzt werden kann. Wie jede Sprache hat sie Konventionen, die man nur durch Erlernen erkennt. Riehl spricht hier von Konventionalisierung (Riehl 2004: 101). Drittens ist festzuhalten, dass eine Pidginsprache keine Muttersprachler hat. Jeder Sprecher eines Pidgin besitzt auch noch eine weitere Sprache, die er vom Kindesalter her erlernt hat (Riehl 2004: 101).

Das letzte Kriterium hat damit zutun, dass es sich bei Pidginsprachen oft um Gebrauchssprachen handelt, die auf ihren speziellen Verwendungszweck zugeschnitten sind und daher keine große Komplexität aufweisen. Wird aber der Bedarf der Sprache über ihre ursprüngliche Bedeutung hinweg erweitert, entwickelt sich das Pidgin weiter. So sprechen Bechert und Wildgen von einem Lebenszyklus der Pidginsprachen (Bechert/Wildgen 1991: 133). Dieser unterscheidet in sechs Stadien der Pidginsprachen:

1. Entstehung des Pidgin

2. Minimales Pidgin

3. Pidgin

4. Entwickeltes Pidgin

5. Beginnendes Kreol

6. Das entwickelte Kreol

Das Pidgin wird dann zu einer Kreolsprache, sobald es eine Generation gibt, die die Sprache als Muttersprache erlernt (Riehl 2004: 101). Das letzte Stadium ist erreicht, wenn eine Kreolsprache eine „funktionell voll ausgebaute" (Riehl 2004: 101.) Sprache ist.

III. Der Ursprung der Pidginsprachen[1]

Unter dieser Überschriften können und sollen drei vertiefende Fragestellungen bearbeitet werden:

    a. Unter welchen Umständen entwickeln sich Pidginsprachen?
    b. Welche Auslöser führen zur Entwicklung eines Pidgin?
    c. Wie bzw. woraus haben sich die Pidginsprachen entwickelt?

a. Unter welchen Umständen entwickeln sich Pidginsprachen?

Generell kann zwischen zwei möglichen Umständen unterschieden werden, unter denen es zu Entstehung von Pidgin kommen kann. Beide Möglichkeiten können historisch belegt werden. Zum einen ist es möglich, dass sich zwei Sprachen auf Augenhöhe begegnen. Das ist dann der Fall, wenn die Sprecher der beiden Sprachen miteinander in symmetrischer Form kommunizieren. Historisch lässt sich diese Möglichkeit vor allem dann belegen, wenn europäische Entdecker und Forscher auf ihren Reiserouten an unbekanntem Land anlegen müssen, um ihre Vorräte aufzubessern. In solchen Fällen kommt es meist zu Tauschhandel (z.B.: Cook 1971: 180 u.a.), der ein Minimum an gesprochener Sprache abverlangt. Erst, wenn Handelsrouten gefestigt werden und sich ein regelmäßiger Umgang zwischen den Sprechern unterschiedlicher Sprachen entwickelt, kann auch der Sprachkontakt gefestigt werden und sich ein Pidgin entwickeln.

Eine andere Art der Umstände, in denen sich Pidgin entwickeln kann, ist eine asymmetrische Form der Kommunikation. Wenn ein überlegener Sprecher auf einen unterlegenen Sprecher einer anderen ihm unverständlichen Sprache trifft. Ein besonderes Beispiel hierfür ist der Sklavenhandel, der bis ins 19. Jahrhundert zwischen Europa, Afrika und Amerika florierte. Die europäischen Händler landeten an afrikanischen Küsten und nahmen dort afrikanische Sklaven auf, die sie dann nach Amerika verkauften (Vgl.: Marx 2004: 19). Dabei ist festzuhalten, dass die afrikanischen Stämme der westafrikanischen Küste nicht immer die gleiche Sprache

---

[1] Die Kreolsprachen, die sich, wie oben genannt, aus den Pidginsprachen entwickeln, sollen dabei außenvorgelassen werden.

in unterschiedlicher dialektaler Ausprägung sprachen, sondern auch ganz verschiedene Sprachen. Dieser Umstand wurde zum Teil von den Sklaventreibern noch unterstützt, die absichtlich Afrikaner verschiedener Sprachen zusammentrieben, um jegliche Kommunikation zu unterbinden. Da diese sowohl während des Transports über den Atlantik als auch in der neuen Umgebung gezwungen waren miteinander in Kontakt zutreten, haben sich hier bereits Pidginsprachen entwickelt. Ist dieses noch ein weiteres Beispiel für die erst genannte Möglichkeit des Sprachkontakts, so kommt die zweite Variante hinzu, wenn die Sklaven ihre Befehle und auch Beschimpfungen ihrer Herren entgegennehmen mussten. Das bereits unter den Sklaven geschaffene Pidgin wird von diesen übernommen und zudem mit der von ihnen gesprochenen Sprache, also meistens ein europäisches Idiom, angereichert, was wiederum von den Sklaven in ihre Sprache aufgenommen wurde. Ein Beispiel für diese Pidginsprache, die im Verlauf ihrer Entwicklung zu einer Kreolsprache geworden ist. Ist die Sprache Haitis (http://de.wikipedia.org/wiki/Haitianische_Sprache (16. August 2007)).

b. Welche Auslöser führen zur Entwicklung eines Pidgin?

Über die Auslöser, die zu der Entwicklung einer Pidginsprache führen, gibt es innerhalb der Linguistik keine Einigkeit. Riehl nennt drei grundlegende Theorien:

- Vereinfachung der das Lexikon bestimmenden Sprachen

- Grammatikalischer Einfluss der Substratsprachen

- Universalistische Tendenzen zur Erzeugung einer maximal vereinfachten Sprache (Riehl 2004: 102).

Vertreter der ersten These nehmen an, dass die Sprache, aus der später die Wörter entnommen werden, von den Sprechern derselben vereinfacht wird. Dieses Phänomen ist unter anderem beim so genannten Xenolekt zu beobachten, bei dem Muttersprachler gegenüber Menschen, die diese Sprache vermeintlich nicht beherrschen, besonders langsam und einfach reden, indem sie Verben zum Großteil in der Infinitivform lassen und diese nicht mehr konjugieren (Riehl 2004: 105). Da dieses Verhalten auch noch heute zu beobachten ist, ist anzunehmen, dass auch in vergangener Zeit so vorgegangen worden ist (Riehl 2004: 102). Als ein Beispiel dafür kann wohl auch der Sklavenhandel und die Sklavenhaltung angeführt werden. Passiert dieses meistens unbewusst, ist bekannt, dass der nordamerikanische Indianerstamm der Delaware mit ihren erst schwedischen, dann niederländischen Handelspartnern ganz bewusst nur eine vereinfachte Form ihrer Sprache verwendeten, die aber von den Fremden als eigentliche Sprache angenommen wurden (Riehl, 2004, S. 102, Hirschfelder 2004: 32)

Die zweite These, die Riehl anführt, geht davon aus, dass Pidginsprachen mehrere Sprachen besitzen, die sie als Quellen benutzen. Während sie von der einen Sprache die Grammatik entlehnen, nutzen sie der anderen Sprache Lexikon. Dabei ist die Sprache deren Grammatik sie nutzen immer die Muttersprache, in die dann die Wörter der fremden Sprache überführt werden. Die Sprache wird „relexifiziert" (Riehl 2004: 102). Auch diese These kann durch die Untersuchung des heutigen Deutsch Unterstützung finden. So werden Wörter aus dem Englischen oft in die deutsche Sprache integriert und dann nach deutschen Grammatikregeln flektiert (Zimmer 2006: 52). Bei dieser These muss allerdings das bereits oben genannte Verhältnis der beiden Sprecher zueinander in Erwägung gezogen werden. Die Frage, ob es sich bei ihnen um gleichberechtigte Partner handelt oder um ein asymmetrische Verhältnis ist dabei von entscheidender Bedeutung. Trifft erstes zu, „zeigt die Sprache mehr Anteile aus beiden Sprachen" (Riehl 2004: 103), wohingegen im zweiten Fall „das Lexikon aus der Sprache der dominanten Gruppe" (Riehl 2004: 103) übernommen wird. Um beide Quellsprachen voneinander zu unterscheiden, spricht man bei der ursprünglichen Muttersprache von einem Substrat, bei der übernommenen, erlernten Sprache von einem Superstrat (Riehl 2004: 102f).

Die dritte These schließlich erklärt, warum viele Pidginsprachen, die geographisch gesehen weit auseinanderliegen, trotzdem strukturell ähnlich aussehen. Folgt man dieser These, dann gibt es innerhalb des menschlichen Sprachsystems eine universelle Struktur, die dazu führt, dass global jede Pidginsprache gleich vereinfacht wird (Riehl 2004: 103).

c. Wie bzw. woraus haben sich die Pidginsprachen entwickelt?

Über die Genese der Pidginsprachen, also die Frage, wo der Ursprung der Pidgin-
und Kreolsprachen liegt, haben sich, wie im Fall der Frage über den Auslöser, auch
drei Thesen herausgebildet. Sowohl Riehl als auch Bechert und Wildgen nennen
diese drei:

- These von der unabhängigen Parallelentwicklung
- Universalistische Theorien
- Theorie der Monogenese (Riehl 2004: 103 – 104, Bechert & Wildgen 1991:
  130.)

Die erste der oben genannten Thesen ist so zu verstehen, dass Pidginsprachen trotz
geographisch oder auch zeitlich weiter Entfernung deswegen Ähnlichkeiten
aufweisen, weil sie immer unter parallelen Bedingungen entstehen. Diese
Parallelentwicklung ist Grund dafür, dass sich die Sprachen ähneln. Allerdings lässt
sich mit dieser These nicht der Ursprung von Pidginsprachen klären, die nicht auf
europäischen Idiomen beruhen (Riehl 2004: 103 - 104).

Die universalistischen Theorien gehen, ähnlich wie bereits oben erwähnt, von einem
„Bioprogramm" (Riehl 2004: 104, Bechert & Wildgen 1991: 135) aus, das dafür sorgt,
dass sich die Sprachen ähnlich entwickeln. Im Zuge der These über eine
Universalsprache, ist das Pidgin auf Grund seiner Simplizität besonders geeignet,
um in diese Richtung zu forschen. Bechert und Wildgen (1991: 136ff) führen Kriterien
auf, die auf Bickerton zurückgehen, um die These zu verifizieren. Dieser hat „zwölf
Typen sprachlicher Strukturen hauptsächlich anhand des Guayana-Kreols und des
Hawaii-Kreols" (Bechert & Wildgen 1991: 136) analysiert.

Bickerton stellt dabei fest, dass es im Kreol, das, wie erwähnt, eine
Weiterentwicklung des Pidgin ist, Fokussierungen innerhalb der Sprache dadurch
zum Ausdruck kommen, in dem man die zu fokussierende Phrase an den Anfang der
Satzkonstruktion stellt. Bei diesen Phrasen handelt es sich um die Nominalphrasen
des Satzes. Hinzu kommt die Möglichkeit auch das Verb nicht aber die Verbphrase
an den Satzanfang zu stellen. Dabei ist zu bemerken, dass eine solche
Verbfokussierung eine Verdoppelung des Vollverbs mit sich führt. Das Verb wird an

den Satzanfang gesetzt, „es bleibt aber eine Kopie des Verbs an der alten Stelle zurück" (Bechert & Wildgen 1991: 136). Dieser Umstand scheint nur dann aufzu¬ treten, wenn die Satzkonstruktion neben einem Vollverb auch ein Hilfsverb in dem Satz aufweist. Bickerton erklärt diesen Umstand so, dass ein Verschieben des Vollverbs ohne dessen Verdopplung das Hilfsverb zum Vollverb machen würde. Bickerton folgert aus beiden Beobachtungen zum einen, dass die Voranstellung der fokussierenden Konstituente die natürliche Art und Weise ist, eine Fokussierung herzustellen, und zum anderen, dass das Erstellen von Verbphrasen auf die Superstratsprache zurückzuführen ist (Bechert & Wildgen 1991: 136f).

Ein weiterer Bereich, den Bickerton herausarbeitet, ist der des Artikels. Er stellt fest, dass in allen Kreolsprachen, die seiner Untersuchung zu Grunde liegen, drei Arten von Artikeln vorkommen. Dabei handelt es sich um die präsupponierten spezifischen, spezifischen und nicht-spezifischen Artikel. Seine Folgerung für ein Bioprogramm der Sprache daraus ist, dass eine generelle Unterscheidung zwischen bestimmten und unbestimmten Artikeln der Universalsprachen zu Grunde liegt (Bechert & Wildgen 1991: 137).

Bickerton findet einen weiteren Beleg für ein Bioprogramm in dem Umstand, dass in Kreolsprachen mit unterschiedlicher Superstratsprache dasselbe Verb genutzt wird, „um die Existenz eines Sachverhaltes und den Besitz anzugeben"(Bechert & Wildgen 1991: 138). Damit zeigt Bickerton, dass beide Konstruktionen einem natürlichen Konstrukt folgen.

Die hier zuletzt erwähnte These ist die der Monogenese. Dabei wird davon ausgegangen, dass sich ursprünglich alle Pidginsprachen aus einer Sprache entwickelten. Bei dieser Sprache handelt es sich um ein Proto-Portugiesisch, das auf dem mittelalterlichen Sabir beruhte. Bei den heutigen Pidgin- und Kreolsprachen, die auf anderen Sprachen beruhen, wurde einfach das ursprünglich portugiesische Lexikon durch das der jeweiligen anderen Sprache ersetzt (Riehl 2004: 103).

IV. Die Theorie der Monogenese

Wie oben bereits erwähnt, handelt es sich bei der Theorie der Monogenese um eine Theorie, die davon ausgeht, dass alle Pidginsprachen auf dem Portugiesischen beruhen. Allerdings ist anzumerken, dass diese These nur eine Variante der Monogenese ist. Eine weitere geht nicht von einem portugiesischen Urstamm für Pidginsprachen aus, sondern nennt Eigenschaften der westafrikanischen Sprachen, um besonders im westafrikanischen-atlantischem Raum und in Westindien anzutreffende Pidgins zu erklären (Bechert & Wildgen 1991: 132). Hier soll allerdings nur auf die These eingegangen werden, dass die Pidgins sich aus dem Portugiesischem entwickelt haben.

Wie bereits erwähnt, ist ein Anlass, dass sich eine Pidginsprache entwickelt, dass zwei verschiedene Kulturen und Sprachen aufeinander treffen und miteinander kommunizieren müssen. Der Grund für dieses Aufeinandertreffen der Kulturen ist meistens darin zu finden, dass Handelsrouten ersonnen werden müssen. Ein seit der Antike bedeutender Raum für Handel jeglicher Art war immer das Mittelmeer. Bedingt durch den Umstand, dass drei Kontinente in diesem Gebiet angrenzen, war dieser Raum auch immer ein Gebiet, in dem sich die unterschiedlichsten Kulturen trafen. Im Mittelalter waren diese Handelsbeziehungen fest verankert. Alle Anrainerstaaten des Mittelmeers hatten Kontakt und mussten sich verständigen. Da es sich keineswegs immer um Menschen aus dem romanischen Sprachbereich handelte, die der einzelne antreffen konnte, sondern auch auf Araber, Berber und Griechen sowie auf Türken und auch Russen oder Perser, war es nur verständlich, dass sich aus all diesen Sprachen eine Kontaktsprache entwickelte, die als Sabir oder Lingua Franca bezeichnet wird (Schuchardt 1979: 26).

Neben Italiener und Spaniern waren auch Portugiesen an diesem Handel beteiligt. Die Monogenese-Theorie geht davon aus, dass portugiesische Händler und Entdecker aufbauend auf das im Mittelmeer benutzte Sabir für ihre über die Säulen des Herakles hinaus reichenden Entdeckungsfahrten ein eignes vereinfachtes Entdeckungsportugiesisch entwickelten, das sie dann auf ihren Fahrten entlang der westafrikanischen Küste nutzten, um mit den Einheimischen in Kontakt zu treten (Bechert & Wildgen 1991: 130).

Bedingt durch die weitreichende Expansion der portugiesischen Reisen entwickelten sich zwei unterschiedliche portugiesischbasierte Pidginsprachen. Zum einen gab es die im atlantischen Raum genutzte Sprache, zum zweiten die im Indischen und Pazifischen Ozean genutzte Sprache (Bechert & Wildgen 1991: 131).

Nach dem Aufstieg erst des spanischen Reiches und später der britischen, französischen und holländischen Weltreiche wurden schließlich die auf dem portugiesisch Lexikon beruhenden Pidginsprachen durch die Sprachen der nachfolgenden Kolonialherren ersetzt. Dieser Vorgang wird in der Forschung mit Relexikalisierung bezeichnet (Bechert & Wildgen 1991: 131, Riehl 2004: 102).

Die Theorie der Monogenese beruht zum Großteil auf den europäischen Idiomen. In diesem Umstand liegt auch die Kritik, die Gegner der Theorie anführen. Pidgin, die nicht auf europäischen Sprachen beruhen, können durch dieses Modell nicht erklärt werden (Riehl 2004: 104). Weitere Kritik äußert sich darin, dass in der Theorie der Monogenese ein linearer Verlauf der Sprachentwicklung angenommen wird. Allerdings müssten die wechselnden Superstratsprachen einen solchen verhindern. Die Annahme, dass ein „struktureller Kern" (Bechert & Wildgen 1991: 132) die Entwicklung steuert und dafür sorgt, dass es zu einer Relexikalisierung kommt, wird auch bestritten. Kritiker der Theorie sehen den Einfluss der Superstratsprache nicht nur im Bereich des Lexikons sondern auch in der Grammatik (Bechert & Wildgen 1991: 132), wie bereits oben am Beispiel Bickertons gezeigt wurde.

V. Die „Lingua Franca" des Mittelmeers

Wie oben erwähnt, war die „Lingua Franca" eine Sprache, die im Handel im Mittelmeerraum die Kommunikation zwischen den Händlern der verschiedenen Kulturen sicherte. So ist es nicht verwunderlich, wenn Whinnom davon spricht, dass es sich bei der „Lingua Franca" um „the most important pidgin language" (Whinnon 1977: 3) handelt, über die es Informationen gibt.

Bereits im 9. Jahrhundert finden sich in den Schriften des Ibn Khurradādbihs, der einen Bericht über das moslimische Reich anfertigte und darin auch die Sprachen des westeuropäischen Frankenreichs aufzeichnete, Verweise auf diese Sprache. Neben der fränkischen, provenzalischen und frühitalienischen Sprache finden sich auch Hinweise auf die „Lingua Franca". Dieser Hinweis auf die „Lingua Franca" ist der älteste Beleg für den Bestand derselben. Beweise für eine noch frühere Existenz liegen nicht vor, doch scheint es recht unwahrscheinlich, dass nicht auch schon vorher, eine Sprache wie diese existiert haben muss (Whinnon 1977: 14).

Aus der Zeit der Kreuzzüge sind viele Dokumente überliefert. Ein Großteil dieser Dokumente ist im Latein des Mittelalters geschrieben, doch zeigen sich deutliche Spuren anderer Sprachen. Whinnom spricht von „Mixed Languages" (Whinnon 1977: 15), wenn er aufzeigt, dass das schlechte Latein oder der venezianische Dialekt oft mit arabischen oder französischen Worten dekoriert ist. Auch Dokumente, in denen sich Französisch mit Italienisch verbindet, sind überliefert. Dabei sind nicht nur einzelne Wörter in anderen Sprachen geschrieben, sondern oft auch Phrasen, Sätze oder ganze Absätze (Whinnon 1977: 15f).

Auch am Ende des Mittelalters und am Beginn der Neuzeit sind Belege überliefert, in denen „code-switching" überliefert ist. So ist von Luther bekannt, dass er in seinen deutschen Texten durchaus lateinische Ausdrücke nutze. Whinnon führt dieses Argument kurz an (Whinnon 1977: 16). Doch sollte darauf aufmerksam gemacht werden, dass dieses nicht unbedingt mit „code-switching" im Zusammenhang stehen muss. Luther hat durchaus bewusst ein lateinisches Wort genutzt, um etwas auszudrücken, wofür dem Deutschen die worte fehlten (Whinnon 1977: 16). Code-switching setzt aber, wie oben erwähnt, den eher unbewussten Einsatz voraus.

Für das 16. Jahrhundert gibt es Aufzeichnungen des Mönchs Diego de Haedo, der eine Geschichte Algeriens schrieb, in der auch kulturelle und geographische Beschreibungen von Land und Leuten vorhanden sind. Unter diesen befinden sich auch Absätze zur Bevölkerungsvielfalt. Er macht fünf verschiedene Arten von Gruppen aus. Dazu zählen Türken, Protestanten, Katholiken, Juden und Mauren. Whinnom spezifiziert die Protestanten und Katholiken noch einmal und kommt so auf Spanier, Franzosen, Portugiesen, Italiener und Engländer. Eine weitere Spezifizierung nimmt Whinnom in Bezug auf die Mauren vor. Haedo vergaß nämlich zu erwähnen, dass es sich bei der von ihm unter der Bezeichnung „Mauren" zusammengefasster Bevölkerungsgruppe um mindestens zwei verschiedene Völker handelte, nämlich um Berber und Araber, die in zwei unterschiedliche Idiomen sprachen. Hinzukommen verschiedene Mischungen der Bevölkerung, die auch eine Änderungen im Sprachverhalten zur Folge hatte (Whinnon 1977: 13). Haedo geht in seiner Abhandlung daher auch auf das Sprachverhalten ein, das in einer Bevölkerung solch unterschiedlicher Nationalitäten in Gebrauch ist. So schreibt er, dass „Lingua Franca is in general use" (zit. nach Whinnon 1977: 13).

Whinnon nennt im Bezug auf die Theorie der Monogenese die Bedeutung, die „Lingua Franca" für die Reisen der Händler in der Frühneuzeit gespielt haben mag. Die Händler, die im Auftrag der Portugiesen Handel betrieben, waren nicht selten Juden, die sich nicht des Portugiesischen bedienten, wenn sie mit ihrer menschlichen Fracht oder ihren Untergebenen unterhielten, sondern der „Lingua Franca" (Whinnon 1977: 4).

VI. Ein kurzer Abriss über die Portugiesische Expansionspolitik zu Beginn der Neuzeit

Die Theorie der Monogenese setzt voraus, dass die europäischen Entdeckungen der Welt von Portugal aus ihren Anfang nahmen. Es scheint daher ratsam, einen kurzen Blick auf eben die Geschichte Portugals zur Zeit der Entdeckungen zu richten, um überhaupt eine belegbare Grundlage zu haben. Dazu gehört nicht nur die Aufgabe, aufzuzählen, zu welchem Zeitpunkt ein Entdecker ein unbekanntes Gebiet entdeckte und besiedelte, sondern auch die Frage nach den Gründen für den Expansionsdrang, der mit dem Ende des Mittelalters in Europa begann.

Seit der Antike existieren Berichte darüber, dass Europäer ihre Heimat verließen und auch außerhalb ihres angestammten Kontinents auf Reisen gingen (Sonnabend 2007). Das Mittelalter griff viele Geschichten dieser Art auf. Dabei waren nicht nur von sagenhaften Reichtümern die Rede sondern auch von unzähligen Ungeheuren und Gefahren. Daraus entstand ein Gegensatz zwischen der Neugier auf neue Welten und der Furcht, von diesen Reisen nicht wieder zurück zu kommen (de Oliveira Marques 2001:79ff).

Neben den Legenden und Geschichten aus Antike und Mittelalter, gab es wissenschaftliche Belege, die noch aus der Antike stammten. Die iberische Halbinsel war grade von diesen vor allen geographischen Informationen besonders begünstigt. Da dort bis zum Ende des 15. Jahrhunderts die Araber ansässig waren, profitierten die Portugiesen und Spanier vom verlorenen Wissen der Antike, das grade durch arabische Überlieferung seinen Weg nach Europa fand (de Oliveira Marques 2001:82).

Trotzdem brachen erst im 15. Jahrhundert die ersten großen Expeditionen auf. Der Anlass dafür war ein in Europa aufkommende Goldmangel. Der Handel mit den Völkern des Orients expandierte in noch nie da gewesenem Ausmaß. Portugal und Spanien waren durch zwei Faktoren prädestiniert, diesen Goldmangel aufzuheben. Zum einen wusste man von den Mauren, dass es in Afrika Gold gab, das von den Arabern erworben wurde und zum anderen war man als äußerer Rand Europas geographisch in einer äußerst günstigen Lage. Dieser Faktor war für Portugal, dessen Küste komplett an den atlantischen Ozean reicht, sogar erheblich bedeutender als für Spanien (de Oliveira Marques 2001: 81, 85).

Die Portugiesen waren bereits im 13. und 14. Jahrhundert mit ihren Booten und Schiffen auf der Suche nach neuen Fischfanggebieten weiter vorgedrungen als andere und hatten dabei ihre Fähigkeiten zur Schiffsführung kontinuierlich verbessert (de Oliveira Marques 2001:85). Neben den Fähigkeiten der Seemänner, kam auch noch die verbesserte Schifffahrtstechnik hinzu, die es den Portugiesen ermöglichten, Schiffe für weitere Reisen zu bauen (de Oliveira Marques 2001:79).

Hinzu kam außerdem noch eine weitere Ursache. Neben dem Auffinden und Erobern von Gold und andere Edelmetallen kam noch ein ideeller Grund hinzu. Die Moslems in Afrika mussten bekehrt werden und das Heil für die eigene Seele wurde in solcher Missionsarbeit gesucht. Dieses Ziel wurde zunächst an der nordafrikanischen Küste umzusetzen probiert, wobei vor allem Marokko ein lohnendes Ziel für die Portugiesen darstellte. So wurden vom Beginn des 15. bis in zum Beginn des 16. Jahrhunderts neun Handelsposten und Missionen errichtet, die überwiegend bis ins 17. Jahrhundert erhalten blieben (de Oliveira Marques 2001:87, 90).

Die eigentlichen Entdeckungsreisen führten zu Beginn des 14. Jahrhunderts noch nicht weit in den atlantischen Ozean heraus, sondern zu den Inseln in der Nähe. So erkundete man die Kanarischen Inseln und auch Madeira. Auf diesen keineswegs unbewohnten Inseln trafen Portugiesen und Spanier auf unterentwickelte Kulturen, die sie für sich einspannten, versklavten und verkauften. Bis zur Mitte des 15. Jahrhunderts waren die Besitzansprüche über die Kanarischen Inseln nicht geklärt, bis Papst Eugen IV. sie der kastilischen Krone zusprach. Madeira hingegen wurde schnell zur portugiesischen Kolonie (de Oliveira Marques 2001:92f).

Da die marokkanische Westküste bis zum 25. Breitengrad bekannt war, konnten portugiesische Seefahrer auf bekannten Routen segeln. Da allerdings die Gefahr, von Piraten und anderen Feinden auf den Handelsrouten attackiert zu werden, recht groß war, wurden immer wieder Variationen in die Strecken eingebaut, die dazu führten, dass schließlich die Azoren entdeckt wurden (de Oliveira Marques 2001:93f).

Bis zum Jahr 1434 galt der Teil der afrikanischen Küste, der hinter dem Kap Bojador (Westsahara) liegt, als nicht befahrbar, da dort das Ende der Welt vermutet wurde.

Erst 1434 wurde es umrundet und die Portugiesen begannen damit, den südwestlichen Teil Afrikas zu erkunden. Mit der Entdeckung des gesuchten

Goldflusses im heutigen Westsahara begannen dann auch mehr Schiffe von Portugal aus in diese Richtung zu segeln. Das führte zu Entdeckungen in Mauretanien und im Senegal (de Oliveira Marques 2001:94 – 96). Ihren Gipfel fand die Erkundung Westafrikas mit der Umrundung des Kap der Guten Hoffnung durch Bartholomäus Dias im Jahr 1488. Bis Vasco da Gama schließlich den Seeweg nach Indien finden sollte, vergingen noch zehn Jahre. Diese Route wurde dann dazu genutzt um auch die ostafrikanische Küste, die bis zum Horn von Afrika von den Arabern bereits entdeckt und wirtschaftlich erschlossen worden war, zu erkunden (de Oliveira Marques 2001: 103, 137).

Während der Erschließung der afrikanischen Küsten waren auch immer wieder Vorstöße gen Westen unternommen worden, um über den Atlantik nach Asien zu kommen. In Portugal erlernte auch Christoph Columbus das Seefahrerhandwerk und versuchte beim König von Portugal einen Plan einzureichen, mit dem er Indien entdecken wollte. Da dieser ablehnte, segelte Columbus unter spanischer Flagge nach Westen (de Oliveira Marques 2001: 139). Die von Kolumbus entdeckten Inseln, die dieser im Namen Spaniens annektiert hatte, waren nach dem Vertrag von 1479/80 portugiesischer Besitz, da sie sich südlich der Kanaren befanden. Um kriegerische Auseinandersetzungen zu vermeiden, einigte man sich schließlich 1494 darauf eine Meridianlinie, die sich 1184 Meilen von den Kanaren entfernt befand, als Grenze zu nutzen. Alles östlich dieser Linie sollte Portugal zufallen. Um den ihnen zugeteilten Raum zu nutzen, wurden weitere Expeditionen in Richtung Westen geschickt. Dabei entdeckte man ab 1501 weitere Teile der südamerikanischen Küste. Man drang bis auf die Höhe des heutigen Uruguay und Argentiniens vor. 1502 wurde Sankt Helena und Trinidad und Tobago entdeckt. 1519 brach der Portugiese Ferdinand Magellan im Namen Spaniens auf und wurde der erste Weltumsegler, als er 1521 Kap Horn umrundete. 1522 entdeckte er die Philippinen, wo er getötet wurde. Magellan war einer von mehreren Portugiesen, die im Auftrag Spaniens arbeiteten. So erkundigte 1524 Estêvao Gomes die nordamerikanische Ostküste bis nach Neufundland und 1543 erreichte Joao Rodriguez Cabrilho Kalifornien (de Oliveira Marques 2001: 139 – 141).

Von Indien aus stießen die portugiesischen Seefahrer in den indischen Ozean vor, wo sie am Beginn des 16. Jahrhunderts Indonesien zum großen Teil erforscht hatten. 1513 ereichten sie China und 1542 Japan (Pohl 2005: 46). Bis 1513 hatten die Portugiesen die gesamte asiatische Küste, sieht man einmal von China und Japan ab, erkundet oder besucht (de Oliveira Marques 2001: 147).

Nach der Sichtung und Erkundung der Küstengebiete drangen die Portugiesen auch in das Landesinnere vor. Dabei begannen sie in den vierziger Jahren des 15. Jahrhunderts in Afrika mit ihren Erkundungen, dehnte diese bis in zur Mitte des 16. Jahrhunderts aus, als das heutige Zimbabwe entdeckt wurde. Zum selben Zeitpunkt wurden auch erste Expeditionen in das Innere Asiens unternommen. Vorher bereits war der gesamte Nahe Osten von einem Portugiesen durchquert worden. 1531/32 begannen, kurz nach der Entdeckung Brasiliens, die Erkundungen in das Innere des Landes (de Oliveira Marques 2001: 149).

Wichtiger noch aber war die Arbeit von Afonso de Albuquerque, der zwischen 1509 und 1515 Generalgouverneur in Indien wurde und in dieser Zeit den Asienhandel allein für die portugiesische Krone sicherte (de Oliveira Marques 2001: 151).

Aus diesem kurzen Abriss ist ersichtlich, welche Ausmaße das portugiesische Expansionsstreben annahm. Ohne weiteres kann man aus dieser Menge an Daten erkennen, das die Portugiesen viele Orte entdeckt und auch besiedelt haben. Oberflächlich lässt sich bereits jetzt festhalten, dass die Annahme, alle Pidginsprachen gehen von einem Proto-Portugiesisch aus, durchaus zutreffend sein könnte.

VII. Historische Analyse der These der Monogenese

Bei der Betrachtung der portugiesischen Expansion und der Ausweitung des portugiesischen Weltreiches in der Frühneuzeit gilt es zwei unterschiedliche Arten der Kolonialpolitik zu betrachten. Zum einen ist dort die tatsächliche Kolonialisierung von entdeckten und eroberten Gebieten, zum anderen die bloße Errichtung von Handelsposten, wenn auch mit übergreifender portugiesischer Verwaltung (de Oliveira Marques 2001: 158, 163).

Der erste Bereich ist für die Fragestellung der vorliegenden Arbeit eher unerheblich. Die geplante Kolonialisierung von Madeira, den westafrikanischen Inseln oder Brasilien folgte im Bereich der Verwaltung dem portugiesischen Vorbild. Das bedeutet, dass die Einrichtung von Städten, die Aufteilung von Landbesitz und ähnliches wie in Portugal erfolgte. Der König vergab Lehen für besondere herausragende Personen, in den Städten wurden Stadträte und Bürgermeister eingesetzt (de Oliveira Marques 2001: 154). Noch bedeutender war, dass auch die katholische Kirche nachzog und sich ebenso an althergebrachten Strukturen hielt. Bischofssitze wurden vergeben, Pfarreien gegründet und mit diesen wurde auch Bildung und Erziehung aus Portugal übernommen (de Oliveira Marques 2001: 160f, 180f). Das führte dazu, dass auch die Einheimischen portugiesisch zu sprechen lernten und sich ein in der Anfangsphase der Kolonialisierung sicherlich im Umgang zwischen Portugiesen und Ureinwohnern herausgebildetes Pidgin weder halten noch sich in ein Kreol umwandeln konnte. Selbst wenn dieses der Fall war, ist auch das – im Sinne der Fragestellung - eher uninteressant, da sich dieses Kreol ohne weiteres auf Portugiesisch zurückführen lässt. Die von den Portugiesen dauerhaft besetzten und kolonisierten Gebiete blieben auch bis zur endgültigen Ablösung vom Mutterland in der Hand Portugals (de Oliveira Marques 2001: 271ff).

Interessanter erscheint es, die bloßen Handelsposten zu betrachten, die im Laufe des 17. und 18. Jahrhunderts von der Hand der Portugiesen in die der Niederländer, Briten und Franzosen übergingen (de Oliveira Marques 2001: 245). Hierbei sind besonders der Sklavenhandel an der westafrikanischen Küste und der Handelsverkehr in Südostasien zu betrachten. Sowohl der Sklavenhandel als auch der Südostasienhandel wurde zu Beginn von den Portugiesen allein getragen, während beide Handelsarten im Verlauf des 17. Jahrhunderts immer mehr von den

Niederländern und später auch von Franzosen und vor allem von Briten übernommen wurde (de Oliveira Marques 2001: 245, Franklin 1983: 49). Somit kann für die betroffenen Gebiete durchaus vermutet werden, dass eine Relexikalisierung der Pidginsprachen stattgefunden hat.

Wie oben bereits erwähnt, begann die Expansion Portugals mit der Eroberung Nordafrikas und Marokkos. Sie setzte sich dann weiter in Richtung Süden fort und bis zum beginnenden 16. Jahrhundert war die komplette westafrikanische Küste von Portugiesen besucht worden. Mit der Eroberung und Ausbeutung der neu entdeckten Welt im Westen, begann aber keineswegs sofort der den Atlantik umspannende Handel mit schwarzen Sklaven. Zunächst wurden die Indianer benutzt, um die schwere körperliche Arbeit in den Goldbergwerken der Neuen Welt zu sichern. Als diese durch die ungewohnte Arbeit und die von den Europäern mitgebrachten Krankheiten starben, wurden zunächst arme Europäer in die Neue Welt gebracht. Auch diese Praxis erwies sich nicht als lukrativ. Erst als in der Mitte des 16. Jahrhunderts schwarze Arbeiter nach Amerika gebracht wurden, schien das Problem gelöst (Franklin 1983: 45 – 47).

Der Handel mit den Sklaven wurde zunächst von den Portugiesen begonnen. Spanien konnte sich auf Grund der 1493 festgelegten Grenze nicht im Südosten des Atlantiks aufhalten, was dazu führte, dass es in Westafrika kein Handel beginnen konnte (Franklin 1983: 47). Frankreich war durch einen Bürgerkrieg erschüttert, ähnliches galt in England. Die Niederlande waren zu diesem Zeitpunkt noch nicht unabhängig von Spanien. So sorgten Schiffe im Auftrag von portugiesischen Reedern und der Krone für die Verschiffung in die Kolonien der Spanier (Franklin 1983: 47).

Damit die Portugiesen in Afrika Fuß fassen konnten und in der Lage waren Sklaven zu verschiffen, mussten sie sich zunächst mit den Bewohnern der Küsten vertraut machen. Dazu ist wohl eine Methode angewendet worden, die sich bereits 1500 bei der Erschließung von Brasilien als nützlich erwiesen hatte. Der portugiesische Entdecker Pedro Alvares Cabral ließ während seiner Entdeckungsreisen an der brasilianischen Küste einen Seemann zurück, der in der Abwesenheit der Schiffe mit den Eingeborenen in Kontakt kam und so die spätere Kontaktaufnahme vereinfachte (Bernecker & Pietschmann 2001: 41). Dieses erfolgreiche Model ließe sich auch auf den afrikanischen Kontinent verwirklichen. Zudem ist nachgewiesen, dass Afrikaner vor Beginn der eigentlichen Kolonisation nach Portugal gebracht wurden, um dort die Sprache zu lernen (Naro 1978: 318). Bei dieser Gelegenheit ist es neben Kulturkontakt auch zu Sprachkontakt gekommen. Es lässt sich vermuten, dass die Männer, die bei den Eingeborenen zurückgelassen wurden, zwar durchaus die Sprache lernten, die in ihrer Umgebung gesprochen wurde, doch ist auch die Vermutung zulässig, dass sie auch die Einheimischen mit Portugiesisch vertraut machen wollten, um so spätere Handelsbeziehungen zu erleichtern. War der Grundstein für einen solchen Kontakt gelegt, war der Schritt zu einem Pidgin nicht weit.

Die Monogenese-Theorie geht davon aus, dass die Portugiesen bei ihren Erstkontakten sprachplanerisch vorgegangen seien. Darunter ist die planmäßige Vereinfachung der eigenen Sprache zu verstehen, die dann im Umgang mit den afrikanischen oder anderen Völkern zu verwenden wäre. (Bechert & Wildgen 1991: 130). Es stellt sich die Frage nach der Verwirklichung eines solchen Vorhabens. Wer wäre in der Lage gewesen, diese Sprachplanung gezielt vorzunehmen? Dass diese Planung gezielt ablief, ist dabei der besondere Punkt. Denn eine ungezielte Sprachvereinfachung passiert ja auch im bereits erwähnten Xenolekt. Einzig die Organisatoren der Erkundungsreisen scheinen zu einer solchen Planung fähig gewesen zu sein. Zu diesen gehörten private Reeder, Adelige und vor allem die Krone.

Die portugiesische Krone hatte während der beginnenden Zeit der Expansion aber einzig die Eroberung Marokkos im Sinn, ein Gebiet, das wohl durch den regen Handel der hier stattfand, ganz ohne Sprachplanung auskam. Was Haedo für Algerien aufzeichnete, kann auch für Marokko angenommen werden. Die Expansion, die über Marokko hinausging, benötigte zwar die Erlaubnis der Krone, war aber eher zweit- bzw. drittrangig (de Oliveira Marques 2001: 90 – 91). Dass für solche Unternehmen von offizieller Seite aus Sprachplanung betrieben wurde, ist unter diesen Umständen eher fraglich. Private Reeder oder Adelige, die sich als Reeder engagierten (de Oliveira Marques 2001: 91), werden für eine gezielte Planung weder die Zeit noch das Geld gehabt haben. Hinzu kommt, dass die einzelnen Reeder untereinander in Konkurrenz standen (de Oliveira Marques 2001: 244 – 248), und so, wenn sie tatsächlich Sprachplanung im Sinne der Monogenese betrieben hätten, diese wohl unterschiedlich ausgefallen wäre, denn kein Reeder hätte ein erfolgreiches bzw. erfolgversprechendes Konzept an seinen Konkurrenten weitergeleitet. Unterschiedliche Sprachplanung hätte wiederum zu unterschiedlichen Ergebnissen im Sprachgebrauch mit den Eingeborenen geführt. Auch von dieser Seite aus ist die Idee der Planung eher unwahrscheinlich. Auch später, als der Sklavenhandel zu einem lukrativen Geschäft geworden war, versäumte es Portugal im Gegensatz zu andere westeuropäischen Nationen, das Geschäft in die Hand von großen Kompanien zu legen und ließ weiterhin einzelne Schiffer und Reeder den Handel betreiben (de Oliveira Marques 2001: 253 – 254). So war auch von dieser Seite keine große Organisation in Bezug auf die Sprachplanung zu erwarten.

Neben der Unwahrscheinlichkeit der Sprachplanung muss auch noch erwähnt werden, dass nicht nur Portugiesen unter portugiesischer Flagge segelten sondern dass auch viele ausländische Seefahrer die Expeditionen mitmachten (Whinnon 1977: 4). Dieses Faktum führt zu der Frage, wie sich die Männer untereinander verständigten. Whinnon deutet die Antwort darauf schon an, als er meint, dass die Juden, die oft die Reisen unternommen haben, sich ohne Frage mit Hilfe der Lingua Franca verständigt hätten (Whinnon 1977: 4). Ist diese Annahme korrekt, ist es m. E möglich, dass auch diese Sprache genutzt wurde, um mit den Einwohnern in Kontakt zu treten. Das hätte den Vorteil, dass es sich bereits um eine recht vereinfachte Sprache handelte, die ohne weiteres Begriffe der Ureinwohner mit aufnehmen konnte. Zudem war sie schon für den Zweck der Kontaktaufnahme prädestiniert, da sie eine Sprache des Handels war.

Die Sprache an Bord der Handelsschiffe führt zu der Frage, wie miteinander auf den Sklavenschiffen kommuniziert wurde. Menschen, die nicht miteinander kommunizieren können, weil sie nicht dieselbe Sprache sprechen, haben nicht die Möglichkeit sich zu verständigen, um für ihre Freiheit oder ähnliches zu sorgen. Diese Praxis war auch den Portugiesen bekannt. Das ließ sie viele Afrikaner unterschiedlicher Stämme zusammen auf ein Schiff nehmen. Die Portugiesen hatten allerdings unterschätzt, dass die Schwarzen bereits mit den Schiffsbesatzungen selber gesprochen hatten. Diese Sprache nutzten sie nun, um miteinander zu sprechen (http://de.wikipedia.org/wiki/Haitianische_Sprache (16. August 2007)).

Dabei kann es sich um ein vereinfachtes Portugiesisch gehandelt haben, dessen Planung allerdings, wie gezeigt, eher unwahrscheinlich ist, um die Lingua Franca, die an Bord und im Handelsraum des Mittelmeers gebräuchliche Sprache oder um ein vollausgeprägtes Portugiesisch, das die Sklaven über den Kontakt mit den Sprechern und auch mit Kirchenvertretern gelernt hatten zu sprechen. Die letzte Möglichkeit gilt für vereinzelte Afrikaner, kann aber nicht für die Menge der Sklaven angenommen werden. Das vereinfachte Portugiesisch halte ich deshalb nicht für möglich, weil ein nicht zu unterschätzender Teil der Seefahrer eben keine Portugiesen waren, sondern Spanier, Italiener und Juden (Whinnon 1977: 4). Daher ist die Möglichkeit, dass es sich um die „Lingua Franca" handelte, die auch von den Sklaven genutzt wurde, wahrscheinlich.

Bedingt dadurch, dass die Portugiesen versäumten den Sklavenhandel im Sinne von Kompanien auszubauen, wurden sie nach dem die Niederlande von Spanien unabhängig geworden waren, von niederländischen Reedern und Kompanien schnell aus ihrem Monopol verdrängt. Wenn auch durchaus noch einzelne Portugiesen Sklaven transportierten, lag doch das Gros des Handels in niederländischer Hand. Die von den Portugiesen gebauten Handelsposten wurden nun von den Niederländern genutzt. Der Theorie der Monogenese zur Folge konnten die Niederländer von dem portugiesischen Spracheinfluss auf die afrikanischen Stämme profitieren, weil die Afrikaner lediglich den Wortschatz von Portugiesisch auf Niederländisch ändern mussten, um sich mit den neuen Händlern zu verständigen. Später, als sich England in den Handel einmischte, wurde dieser Prozess nochmals wiederholt.

Im südöstlichen Asien war Portugal bis in dei vierziger Jahre des 17. Jahrhunderts die europäische Macht mit dem größten Einfluss, auch wenn seit dem Beginn des Jahrhunderts die Niederländer und Engländer auch in diesen Gebieten begannen zu agieren (de Oliveira Marques 2001: 243). Portugal konnte über vierzig Jahre lang eine effektive Einmischung verhindern. Seine Handelsposten im indischen Goa oder im chinesischen Macau expandierten zu Großstädten. So war Goa von der Bevölkerungszahl her gesehen Lissabon ebenbürtig und überragte es sogar zu manchen Zeitpunkten (de Oliveira Marques 2001: 247). Das änderte sich, als die Niederländer und Briten nach noch nicht besiedelten Orten im indischen und pazifischen Ozean Ausschau hielten. Sie bauten eigene Handelsnetze auf, anstatt die der Portugiesen, die sie dort nicht duldeten, zu nutzen (de Oliveira Marques 2001: 245).

Nachdem Niederländer und Engländer Fuß gefasst hatten, war das portugiesische Weltreich, zumindest, was den asiatischen Teil anging, zu Ende. Bedingt durch die Kriege auf dem europäischen Festland, waren die portugiesischen Besitzungen in Asien vom Kernland abgeschnitten. Unterstützung, weder finanziell noch materiell, blieb aus. Mit dem Verlust von Malakka 1641 an die Niederländer begann die Übernahme der portugiesischen Gebiete. Malakka folgten viele Handelposten in Indien 1653, die an die Engländer abgetreten wurden. Der portugiesische Einfluss in Persien wurde durch die Araber beendet, die mit Hilfe der Engländer am persischen Golf die Portugiesen vertrieben (de Oliveira Marques 2001: 245).

Aus diesen Umständen ergibt sich folgende Betrachtung im Bezug auf die Theorie der Monogenese. Für den ostasiatischen Raum kann sie nur begrenzt angenommen werden. Da sich Engländer und Niederländer nach den gescheiterten Angriffen auf portugiesische Posten zu Beginn des 17. Jahrhunderts zunächst an bisher noch nicht von den Portugiesen erschlossenen Orten niederließen, scheiden Pidginsprachen, die in diesen Region entstanden sind, für eine zunächst portugiesisch basierte Pidgin-Sprache aus. Anzunehmen ist aber durchaus, dass in den dann ab den vierziger und fünfziger Jahren des 17. Jahrhunderts eroberten Gebieten das portugiesische Pidgin durch niederländische oder englische Pidginsprachen abgelöst wurde. Hier also kann die Theorie der Monogenese angewendet werden.

Neben der Sprache, die von den Händlern untereinander genutzt wurde, gab es auch noch eine Sprache innerhalb des persönlichen Bereichs. Da vor allem Männer auf den Schiffen der Portugiesen in den asiatischen Raum gebracht wurden, fehlten für eine dauerhafte Niederlassung in einem Handelsposten die familiären Bindungen. Verwaltungsbeamte, die in Portugal verheiratet waren, hielten sich Konkubinen, Händler heirateten einheimische Frauen (de Oliveira Marques 2001: 248 – 249). Dabei muss davon ausgegangen werden, dass beide Ehepartner miteinander kommunizierten. Die dabei genutzte Sprache kann zunächst nur ein Pidgin gewesen sein, das dann aber durch ein von der Frau erlerntes Portugiesisch ersetzt wurde. Es kann angenommen werden, dass der Mann zwar eine dauerhafte Arbeitsstelle in einem asiatischen Handelsposten sah, aber er dennoch davon ausging, irgendwann nach Portugal zurückkehren zu wollten und sie daher nicht willens waren die Sprache der Einheimischen mehr als notwendig zu erlernen. Die Frau, die rechtmäßig geheiratet worden war, wäre auf eine solche Reise mitgenommen worden, was zu dem Schluss führt, dass die Frauen Portugiesisches lernten (Pinto 2001: 175).

Galt das bisher dargestellte vor allem für eingegangene Mischehen, ist es durchaus vorstellbar, dass bei den bereits verheirateten Männern, die eine Konkubine hielten, das Pidgin durchaus zur Umgangssprache zwischen beiden Partnern wurde. Aus diesen Verbindungen entstandene Kinder konnten daher sogar eine Kreolsprache entwickeln, die aber mit der Eroberung durch die Niederländer und Engländer dann wieder verschwand. Zudem war sie wahrscheinlich nicht flächendeckend unter einer ganzen Generation zu finden, sondern nur am Amtssitz des jeweiligen Verwalters.

Es bleibt die Frage, welche Sprache genutzt wurde, um sich zu verständigen. De Oliveira Marques schreibt, dass „bis zum 18. Jahrhundert das Portugiesische in den internationalen Kontakten die Lingua franca des Fernhandels war" (de Oliveira Marques 2001: 258). Diese Sprache war soweit verbreitet, dass Engländer und Holländer sie lernen mussten, um in Kontakt mit den Einheimischen zu treten. Dabei ist allerdings zu betrachten, dass sich diese Kontaktaufnahme in den meisten Fällen auf Dolmetscher stützte (de Oliveira Marques 2001: 258).

So zeigt sich auch hier, dass die Monogenese als Ganzes nicht weiter angenommen werden kann. Lediglich in den bereits von den Portugiesen besetzten Gebieten, in die die Engländer und Niederländer eindrangen, kann sie und besonders ihr Aspekt der Relexikalisierung angenommen werden.

VIII. Linguistische Analyse der Theorie der Monogenese

Ist bisher nur eine historische Analyse der Monogenese-Theorie erfolgt, so ist nun eine linguistische Analyse hinzuzufügen, da die Theorie auf der vergleichenden Analyse von mehreren Kreol und Pidginsprachen fußt. Ein Ansatz, der in der Einführungsliteratur auftaucht, ist der von R. W. Thompson, der 1959 auf einem Symposium einen solchen Vergleich durchführte. Thompson stellte dabei fest, dass viele im westindischen Sprachraum benutzte Kreolsprachen auch im südostasiatischen Raum anzutreffen sind.

Thompson machte unter anderem darauf aufmerksam, dass im portugiesisch basierten Macau-Kreol die Form des Durativ dadurch gebildet wird, dass das Wort *ta* eingefügt wird (Thompson 1961: 109):

(1) sol ta subi
the sun is rising
die Sonne scheint grade

(2) yo ta skrevé kwando ele veŋ
I was writing when he came
Ich schrieb grade, als er kam.

(3) ele ta čurá
she is weeping
Sie weint grade.

Thompson wies darauf hin, dass in den Kreolsprachen Westindiens ebenfalls ein Wort existiert, das die Funktion von *ta* übernimmt. Dabei ist neben der bloßen Funktion auffallend, dass es sich in vielen Fällen um verschiedene Arten eben dieses Wortes *ta* handelte (Thompson 1961: 110):

(1)

Markers	Durative	Perfective	Contingent or Future
Cape Verde	ta	ja	lo
Indo-Portuguese	ta, te	ja	lo, di, had (*neg.* nad)
Macao Malacca Java	ta	ja	logo (*neg.* nadi)
Philippine Spanish Creoles	ta	ya	de, ay
Papiamentu	ta	taba	lo
Saramaccan	ta	bi	sa
Sranan Tongo	de	ben	sa
Jamaican	a, da	ben, min, mi	
Haitian	ap	te	a
Dominican	ka	te	ke

Wie der Tabelle Thompsons zu entnehmen ist, existieren neben der Partikel ta auch noch die Partikel ja, um den Perfekt zu bilden, und lo, um die Zukunftsform anzuzeigen. Thompson geht auch auf die in vielen Pidginsprachen gebräuchliche Verdopplung ein, die genutzt wird um den Plural eines Substantivs zu bilden oder um ein Adjektiv zu verstärken (Thompson 1961: 111):

(4) Poco-poco
sehr klein
(Ermitaño)

(5) Grande-grande -
sehr groß
(Zamboangueño)

(6) Dulce-dulce -
sehr süß
(Zamboangueño)

(7) China-china -

Chinesen

(Macaukreol)

(8) Im taak im taak im taak – bot im no se notin -

Er redet viel, aber er sagt nichts

(Jamaikanisch)

Neben der Struktur der Sprache finden sich in den vereinzelten Pidgin- und Kreolsprachen auch Wörter, die in allen gleich sind und die gleiche Bedeutung tragen. Thompson nennt zwei Beispiele. Zum einen nennt er das Wort Cabá, das sowohl in Ermitaño, Caviteno, Zamboangueño und Sranan Tongo zu finden ist. Hinzu kommen noch Derivate des portugisischen Wortes acabar, die unter anderem im Papiamentu, Indo-Portugisisch und im Macaukreol gebräuchlich sind (Thompson 1961: 111 – 112). Das zweite Wort ist der Lokativ na, der sich im Papiamento, Sranan Tongo, im Kreol von St. Lucia und dem Kreol von Trinidad sowie im haitischen Kreol findet. Auch eine andere Form des Wortes könnte sich im Jamaikanischen ina wiederfinden. Hinzu kommen noch Verwendungen im Holländischen der Jungferninseln, im Macaukreol und im Caviteño (Thompson 1961: 112).

Als Schlussfolgerung daraus ermittelt Thompson, dass die von ihm untersuchten Kreolsprachen wohl durch die Portugiesen vermittelt wurden. Dabei geht er davon aus, dass zunächst an der westafrikanischen Küste ein portugiesisch basiertes Pidgin entstand, das dann im ostasiatischen Raum genutzt wurde, um sich mit den Einheimischen zu verständigen. Das portugiesich basierte Pidgin, das von den Portugiesen an der westafrikanischen Küste entstanden ist, ist seiner Meinung nach durch das am Mittelmeer gebräuchliche Sabir beeinflusst worden (Thompson 1961: 112 – 113).

Ein weiterer Vertreter der Monogenes-Theorie ist Douglas Taylor. Er führt in seinem 1961 erschienen Aufsatz Beispiele für letzte Spuren des Portugiesischen im französisch-basiertem Kreol an. Dabei rückt er besonders das Lexikon in den Fokus (Taylor 1961: 280). Anders als Thompson sucht er nicht in vielen Pidginsprachen nach Wörtern die sich phonetisch gleichen, um so auf die Ausgangssprache zu schließen, sondern sucht spezielle Wörter heraus, die eine portugiesische Wurzel haben könnten, er räumt allerdings auch ein, dass die Wurzel in manchen Fällen auch die spanische Sprache sein könnte (Taylor 1961: 280). Besonders auffällig erscheinen ihm in der Sprache Französisch-Guyanas die Wörter briga („kämpfen") und fika („sich in einer Situation befinden"). Ersteres führt er auf das portugiesische Wort brigar zurück, letzteres auf ficar. Ähnliche Beispiele sind auch im Haitianischen zu finden. Das dort gebräuchliche Wort für „Pfeife" ist kachimbo, das genutzte Wort für „Schmalz" mantèg. Dieses führt er auf das portugiesische Wort manteiga zurück, jenes auf cachimbo (Taylor 1961: 280). In den spanischen Kreolsprachen Trinidads, Puerto Ricos und „probably other of the Spanish-speaking Antilles" (Taylor 1961: 280) finden sich die portugiesischen Worte pai, compai und mãe (Taylor 1961: 280), die sich auch im Französischem Kreol der Kleinen Antillen wiederfinden (Taylor 1961: 281). Hinzu kommt noch das Wort iche („Sohn"), das auf dem portugiesischem filho bzw. dessen weiblicher Entsprechung filha beruht (Taylor 1961: 281). Taylor führt noch weitere Beispiele aus den Kreolsprachen der französischen Antillen an. Auch die Worte capitou („Anführer"), pequins („kleine Dinge"), mire („ansehen") und mouche („sehr", „viel") führt Taylor auf portugiesische Wörter zurück (Taylor 1961: 281).

Die Belege, die Thompson und auch Taylor anführen, scheinen zunächst plausibel. Auf den ersten Blick scheinen tatsächlich viele Kreolsprachen der Karibik und des Indischen bzw. Pazifischen Ozeans, obwohl sie auf jeweils anderen europäischen Sprachen beruhen, einen portugiesischen Kern zu haben. Um die Theorie der Monogenese jedoch zu stützen und sie wie oben erwähnt auf alle Pidginsprachen auszubreiten, fehlen Belege. Die von Thompson und Taylor angeführten Beispiele beruhen gänzlich auf westeuropäisch basierten Pidginsprachen. Das bereits erwähnte Pidgin, das sich zwischen Russen und Norwegern (Riehl 2001) entwickelte, fällt aus diesen Kategorien raus. So ist die Theorie an dieser Stelle angreifbar. Hinzu kommt, dass die Belege doch recht schwach erscheinen. Der von Taylor erwähnte Sprachraum ist äußerst klein. Sprachkontakte können auch ohne den Einfluss der Portugiesen stattgefunden haben. Auch viele der von ihm angeführten Worte sind im Englischen oder Französischen präsent. Die hier zuletzt aufgeführten Worte machen das am deutlichsten. Sowohl capitou, miré als auch mouche lassen sich in ihrer Bedeutung als auch in ihrer Betonung auch auf französische Worte (capitaine, miroir, moult) oder auch auf englische Worte (captain, mirror, much) zurückführen. Auf Grund der hohen Verwandtschaft zwischen den einzelnen west-und südeuropäischen Sprachen lassen sich einzelne Worte nur schwer mit einer Ausgangssprache in Verbindung bringen. Taylor ist das auch bewusst, so macht er ja immer wieder Einschübe und sagt auch, dass es spanischen Einfluss gegeben haben könnte (Taylor 1961: 280, 281, 284).

Thompsons Ausführungen verlassen die bloße Ebene der Lexik und vergleichen in der Grammatik Belege vorzulegen. Diese sind alle richtig erkannt und müssen als korrekt angesehen werden. Diese Belege können allerdings auch alle anderen Theorien untermauern, die oben aufgeführt worden sind. Bickerton könnte aus diesen Belegen heraus entwickeln, dass ein Faktor des Bioprogramms Sprache darin besteht, dass um den Plural eines Gegenstands auszudrücken, das Singularwort verdoppelt wird2[2]. In der Theorie der Parallelentwicklung von Sprachen können diese Belege auch genutzt werden um eben diese Parallelentwicklung zu signalisieren. Daher scheint die Schlussfolgerung Thompsons dem damaligen Forschungsgeist entsprungen.

---

[2] Teilweise ist das Phänomen der Verdopplung bei Bickerton bereits präsent.

IX. Fazit

Diese Arbeit hat gezeigt, dass die Theorie der Monogenese in der Form, in der sie sich heute befindet, nicht gehalten werden kann. Auch die aktuelle Forschungsmeinung lässt sich so deuten. Wie sonst ist zu erklären, dass in neueren Aufsatzsammlungen nichts über die Monogenese zu finden ist (Vgl.: Tryon & Charpenter 2004).

Die in dieser Arbeit angeführten Beispiele haben verschiedene Aspekte der Monogenese-Theorie entkräftet. So ist in etwa die Annahme, die Portugiesen hätten explizite Sprachplanung betrieben, um eine vereinfachte Sprache zu schaffen, mit der sie mit Afrikanern und Asiaten reden könnten, im hohen Grade unwahrscheinlich, da sich die portugiesische Krone nur bedingt für diese Entdeckungen interessierte und sie vornehmlich in Privathand gab.

Es kann von Vertretern der Monogenese-Theorie weiterhin eingewendet werden, dass zwar dieser Punkt strittig sei, der Rest der Theorie aber stimme. Auch hier ist gezeigt worden, dass zum Beispiel die Annahme, dass alle südostasiatischen Pidginsprachen auf Portugiesisch beruhen, schon allein dadurch nicht gelten kann, weil die Portugiesen zwar als erste Europäer in diesen Raum vorgedrungen sind, aber deswegen nicht in jedem Winkel präsent waren. Vielmehr wurden die Briten und Holländer in vielen von Europäern unbesiedelten Regionen ansässig, weil die Portugiesen sie nicht in die von ihnen besiedelten Gebiete ließen.

Damit kann also auch der Universalitätsanspruch, der in der Theorie der Monogenese beansprucht wird, nicht geltend gemacht werden. Nicht alle Pidgin- und Kreolsprachen basieren auf einem portugiesischen Idiom.

Auch die Sprachen Westindiens bzw. der Karibik können nicht alleine auf der portugiesischen Sprache beruhen. Wohl waren die Portugiesen die ersten Sklavenhändler, die ihre menschliche Fracht über den Atlantik brachten, doch auch hier nicht die einzigen. Naro bringt hier noch die Vermutung ein, dass gar kein Pidgin entstanden sein kann, weil von Anfang an, Araber den Handel übernahmen, die die Sprache der Afrikaner beherrschten (Naro 1978: 333). Ob nun Naro in seiner Argumentation gefolgt werden soll oder nicht, mit dem Vordringen der anderen europäischen Mächte und vor allem der kompletten Übernahme dieses Handels durch die Briten, mussten weit mehr Gebiete in Afrika erkundet werden, um Nachschub zu besorgen. Dabei kann die portugiesische Sprache nicht bis in das afrikanische Hinterland vorgedrungen sein und daher nicht als Basis für alle Pidgin- und Kreolsprachen angenommen werden.

Auch die hier von Thompson und Taylor vorgebrachten Belege für eine Monogenese der Pidginsprachen sind keine hinreichenden Belege für die Theorie. Die hier kurz portraitierten anderen Thesen zur Genese der Pidginsprachen können durch diese Belege auch untermauert werden.

Die Monogenese-Theorie kann der hier gezeigten Form nicht länger Bestand haben. Sie muss gänzlich umgeändert werden. Es böte sich an, als ihren Ursprung direkt das Sabir, also die Handelssprache des mittelalterlichen Mittelmeerraums anzunehmen und nicht erst ein darauf aufbauendes Proto-Portugiesisch. Diese von allen im Mittelmeerraum handelten Völkern genutzte Sprache könte schließlich auch von den anderen Europäern genutzt werden, als sie zur Expansion aufbrachen.

Es muss allerdings gefragt werden, ob es sinnvoll ist, sich diese Arbeit zumachen. Da bereits gut begründete und belegte andere Theorien bestehen, die ohne Probleme sogar die Belege für die Monogenese nutzen können. Aus historischer Sicht ist die Monogenese – in modifizierter Form – zwar noch möglich, aus linguistischer Sicht allerdings wenig ertragreich. Vielleicht sollte die Theorie in den nächsten Einführungsbüchern endgültig in die Forschungsgeschichte verschwinden.

X. Literatur

Bechert, Johannes & Wolfgang Wildgen (1991). *Einführung in die Sprachkontaktforschung*. Darmstadt: Wissenschaftliche Buchgesellschaft.

Bernecker, Walther L . & Horst Pietschmann (2001). *Geschichte Portugals*. München: C. H. Beck.

Biermann, Heinrich & Bernd Schurf (Hgg.) (1997). *Texte, Themen und Strukturen. Grundband Deutsch für die Oberstufe*. Berlin: Cornelsen.

Cook, James (1971). *Entdeckungsfahrten im Pacific 1768 – 1779*. Herausgegeben von A. Grenfell Price. Tübingen et al.: Erdmann.

de Oliveira Marques, A.H. (2001). *Geschichte Portugals und des portugiesischen Weltreichs*. Stuttgart: Kröner.

Franklin, John Hope (1983). *Die Geschichte der Schwarzen in den USA*. Frankfurt/Main et al.: Ullstein.

Hirschfelder, Arlene (2001). *Die Geschichte der Indianer Nordamerikas*. Hildesheim: Gerstenberg.

Marx, Christoph (2004). *Geschichte Afrikas*. Von 1800 bis zur Gegenwart. Paderborn et al: Schöningh.

Naro, Anthony J. (1978). *A Study on the Origins of Pidginization*. Language 54: 314 – 347.

Pinto, Fernão Mendez (2001). *Merkwürdige Reisen im fernsten Asien 1537 – 1558*. Stuttgart – Wien: Erdmann.

Pohl, Manfred (2005). *Geschichte Japans*. München: C.H. Beck.

Riehl, Claudia Maria (2004). *Sprachkontaktforschung. Eine Einführung*. Tübingen: Narr.

Schuchardt, Hugo (1979). *The Ethnography of Variation selected writings on Pidgins and Creols*. Edited and Translated by T.L. Markey. Ann Arbor: Karoma.

Sonnabend, Holger (2007). *Die Grenzen der Welt. Geographische Vorstellungen in der Antike*. Darmstadt: Wissenschaftliche Buchgesellschaft.

Taylor, Douglas (1961). New Language for old in the West Indies. *Comparative Studies in Society and History 3*: 277-288.

Thompson, R. W. (1961). A Note on Some Possible Affinities between the Creole Dialects of the Old World and those of the New. In *Creole Language Studies: II. Proceedings of the Conference on Creole Language Studies*, R.B. Le Page (ed.), 107 – 113). London: Macmillan.

Tryon, Darrall T. & Jean-Michel Charpenter (2004). *Pacific Pidgins and Creols. Origins, Growth and Development* (=Trends in Linguistics. Studies and Monographs 132), Berlin, New York: Walther de Gruyter .

Whinnom, Keith (1977). The Context and Origins of Lingua Franca. In *Langues en contact – Pidgins – Creols – Languages in Contact*, Jürgen M. Meisel (ed.), 3 – 18. Tübingen: Narr.

Zimmer, Dieter E.(2006): *Die Wortlupe. Beobachtungen am Deutsch der Gegenwart*. Hamburg: Hoffmann und Campe.

Internet:

http://de.wikipedia.org/wiki/Haitianische_Sprache (16. August 2007).

Lightning Source UK Ltd.
Milton Keynes UK
UKHW041054211218
334382UK00001B/169/P